Vaga-Lumes

VISITAS E LUSTRES

Título original: Vaga-Lumes, Visitas e Lustres
Autor: Dantas Sólo
Revisão: Luiz Wilfrido Martins de Arruda
Copyright© Dantas Sólo | 2024
Foto da Capa – Monique Natielli | Arte - Revs
80 Páginas
ISBN: 9798882895746
Selo editorial: Independently published

Introdução

Uma vez me perguntaram sobre o sucesso. Não soube responder, mas lá, no fundo, eu sabia que era uma espécie de licença para ser dissecado em vida. Acabei por procurar abrigo atrás das músicas, nas melodias e letras; e nessa escolha peculiar e imodesta, quase me tornei aquele que se esconde embaixo da cama para assustar criancinhas. A oralização e os sons, como fala e discurso, me deixariam estar entre as vogais, consoantes e números; como um passarinho, procurando, ora voo, ora ninho. Adormeci, e acordei esse, que até agora vem tentando habitar as palavras e os vocabulários; suavemente, sem invasão, chaves ou escritura.

Dentre os textos aqui presentes, um deles, creio, me defina melhor quanto à consequência e o peso que o sucesso traz: *"Passarinho de plumagem colorida e canto afinado, tem como destino certo a gaiola."*

Como nunca me senti 'esteticamente viável' me refugiei nesse prodigioso mundo artesanal, onde alguns termos pareciam-me mais apropriados, tal: gauche, mambembe, outsider, underground, cult e marginal. Após ler Ramakrishna — "O louco de Deus" — e já com o ego derretido pelo eco dos mantras, me descobri confortável como um coadjuvante; nesse filme sobre coadjuvantes.

O Autor – 20/02/2024

Dantas Sólo

Vaga-Lumes

VISITAS E LUSTRES

Revisão
Luiz Wilfrido Martins de Arruda

Índice

Alquimia

Trocaram olhares.

Nunca mais se viram; não da mesma maneira.

Do universo um do outro, supernova versão.

Astro

Fareja bem a solidão.

Seu dono de estimação também fora um

vira lata, em outra constelação.

Bala Laica

Sua trajetória cega, solitária ferida,

sem Deus ou quem a siga; vai encontrar-se com

a vida, sua única inimiga.

Bienal

Cicatriz... arte profunda e abstrata.

Sonha às tintas afogadas;

ser sereia, coração, love, pirata.

Acorda frustrada... Santa Muerte tatuada.

Bolinho de Chuva

Foi-se a moça do tempo,
deixando um clima pesado.
Devia ter sugerido um
'rolinho de primavera'.

Broto

Todos os dias lembro de você;

como se o sol lembrasse de nascer.

Talvez, enfim, quando por fim me pôr;

no escuro possa te ver florescer.

Bússola

Segue a aurora contra o poente sombrio;

No horizonte flutua um indiozinho febril;

Em brasa, na febre do ouro do Pau-Brasil;

Ainda ruge o pau de fogo tal um leão no cio.

Brechó

Tudo na vida envelhece; menos a fé ou a prece.

Como um milagre nas mãos de quem não merece.

Cérebro

Preso nesse lodo pantanoso,

o monstrinho que mais se parece comigo,

vive a protestar: "—Me deixe sair!

Houve um engano! Sou inocente!"

Clandestinos

Desaparecemos,

como o céu e o mar se tocando,

e nunca se encontrando.

Colateral

Deslizo pelos telhados,
eu sou a sombra de um gato,
me chamam de tarja preta,
mimo de um mundo assombrado.

Coroação

O amigo do rei se foi.

Foi para utopia, onde outro rei o espera;

com uma coroa de louros, de ouro,

dos anos dourados e um amor sem fim.

Para Erasmo Carlos - RIP

Corrente

Eu, tu... elos.

Coletivo

Escorre o suor, corre o sangue e a lágrima turva

não dá meia-volta.

Cada um por si, saca o coletivo, na curva,

mesmo sem buraco tem um solavanco.

O peito aberto, braços em cruz, nenhuma

santidade sobrevive ao Morro Santo.

Não cai a ficha, não seca o pranto e o prato

vazio e raso recebe o prêmio de foto do ano.

Crédito

Obrigado; do nada.

Cristal

Alguns tem pressa de carro e outros pode voar

Namorados tem mãos dadas mesmo sem se tocar

Nem todos sabem quem são ou o que está por vir

Parece mais feriado num seriado qualquer

Alguém se importa, sim, pois ser estranho é quesito

Eu faço planos verdes no planeta onde habito

Mas não acho que ele faça algum plano pra mim

Acordo e sonho o sonho que ainda resta

Fresta do olho, olho a fuga da Cinderela; manca.

Na horizontal eu danço, me levanto e tropeço.

Dalai

Poço de virtude que transborda

torna-se Lama

Déjà Vu

Para evitar que ela fugisse,
ele gritava à cena: "Corta!"
Mas nunca acordou a tempo
de fechar aquela porta.

Desencanto

Uma dor súbita no centro do peito

no osso do esterno, me fez lembrar de você.

Cupido arrancou a flecha?

Dúvidas

Na avenida a velha placa dizia: "O outro lado te espera. Se você está lendo isso, agradeça; Ainda não és um fantasma. Mas... posso estar errada."

Emoji

Com tanto botão e tecnologia

Sem a dor não preveria

Que seu coração que ia

Logo, também se partir ia.

Equilíbrio

Trocou as sessões de psiquiatria

por um par de saltos altos; e um batom.

Fantasias

A morte com seu manto negro
O fantasma com seu lençol branco
A vida com seu sangue vermelho
A alma com sua armadura invisível
As vozes com seus silêncios iguais

Feto

"— Às vezes não há vida após a vida".

Disse o anjo, levando aquela alma de volta.

Fralda Geriátrica

Tenho tentado dormir em certos horários
Minha mãe, aos 92, com suas rabugices não
deixa. Acho que é revanche.

Fronteira

Curioso... morrer olhando o vazio;

como se houvesse algo ali

que em vida nunca se viu

Glória

Há tomates podres em sua receita de molho

Tempera as massas e ilude os famintos

Guerra Santa

Santa Guerra...

Onde se comemora cada corpo que cai;

Sob gritos de 'viva!' onde a vida se esvai;

o inimigo ganha onde menos é mais.

Habite-se

A casa herdada geme em agonia
À falta de luz dos sorrisos que ali havia
Há luz de velas e fantasmas de velhas tias.

Happy Hour

A velha noite se debruça sobre a tarde
e destrói o dia, com seu martelo de estrelas

Hostil

Ali, na indireta, no vão das palavras,

nas entrelinhas, entre o bendito e o mal dito;

o paranoico delira possuído.

Há, sim, nesses espaços vazios

uma oração muda, que o exorciza.

Impoluto

Pelo buraco da fechadura

vi pela primeira vez sua linda alma;

coberta por úmidos pelinhos púbicos.

Imprevisto

O iridólogo aplica colírio na testa do clarividente

após constatar miopia no terceiro olho

e é denunciado por charlatanismo.

Incondicional

Por não ser índio nem gente, o indigente
terá mais campainhas a tocar que ocas para
morar; e não trocará cocas por colar.

Insônia

Nome delicado pra essa coisa que devorou as
mãos e os pés de alguém que sapateia e

bate palmas pela madrugada.

Íntimo

Enterrado, vivo.

No mais profundo de todos os poços

no fundo do meu peito, vivo.

Íris

Depois da chuva olhava para o céu,
Sete cores perfeita e seu nome incompleto.

Libras

Só, um louco acena para alguém no ar,

um solitário lhe observa ao passar e pensa:

"Olá!". E como o louco, só, não mais estará.

Limites

"— O que você tem de leão tenho de selva" —
ele disse. Meses depois ela se perdeu, e ele se sentiu
pisoteado.

Lunática

Sobre o amor e o terror derrama sua claridade

Queria poder protestar: "— Devolvam minha

paz, cansei dessa cumplicidade".

Marginal

Luzes da viatura ofuscando o retrovisor

Eu ando em zigue-zague pela pista onde estou

Meu coração acelera atropelando o motor

Faz tempo alguém me espera para falar de amor

A sirene se aproxima cantando aqui atrás

Uma canção de amor aos seus malditos jornais

Make Up

Nos espelhos encantados Deus não mostra
sua face E um diabo narcisista de espantalho
se disfarça.

Mel

A velhinha simpática e corcunda rega suas
flores; alheia a um zumbido de abelha
que a rejuvenesce.

Miragem

Os mares da lua são desertos.

Vejo São Jorge em seu cavalo branco;

ainda tentando matar o dragão?

Mordida

Já corrompida, uma moral serpenteia

buscando virgens, não mais maçãs; a velha fruta
agora vulgarizada, as novas Evas a dão.

Mudança

O moço do frete grita carregando a perua:

"— Falta alguma coisa?"

A mulher, ao lado do marido, responde da cozinha:

"— O geladão e a fogueira!"

Nostalgia

O desgaste natural das articulações sentimentais
Começa na horizontal e termina na vertical.

Negócios

Qualquer absurdo serve, caso faça sentido pra alguém.

Pandora

A singela caixinha com lacinho dourado
e cheia de presentes traz entre os mais desejados
sentimentos perfeitos, doces e envenenados.

Penetra

Profundamente ofendida

Não sabia que era a isca ou que seria mordida

Primeira vez bem vestida; soubesse, iria despida

Pequena Morte

Te desenterro de mim num gemido
Você, minha lembrança mais viva
Reclusa, muda, se recusa à partida
Embora eu saiba que se for irei junto

Pesadelo

As crianças acordaram chorando.

O céu riscado de giz avisou, gritando:

"— Corram! Busquem abrigo, se ajoelhem

e orem! Pombas atômicas ainda sonham nos

ninhos, com lindas praças e pessoas sorrindo!"

Poder

Verbo, faz-se o sigilo do ouro

Do dedo de Deus no ombro,

o escorpião tatuado foge

pro seio da Estrela Dalva.

Privacidade

Assustadas, algumas baratas se escodem
de pessoas que, mesmo bonitas, causam
mais nojo que o provocado por elas.

Privilégios

Poderosos temem perder o que lhes dá poder

Pobres não tem o que perder e esse é o seu poder

Quaresma

Num uivo choroso lamentou-se à lua

Um prato vazio à mesa posta ao meio dia

Sua fome, de lobo, desperta a licantropia

RIP

Graças à sereia negra em seu topless
Cantando aquele blues afinado
O surfista levou um belo caldo
E o tubarão se foi, alimentado.

Rock'n'Réquiem

"The Batles"

Banda de rock de Gotham City

Exige cidadania inglesa para tocar

No funeral da Rainha

Rosa dos Ventos

Um sentimento vem

E de repente voo

Dente de leão

E ternamente céu

Sina

Uma estrelinha cadente passa no céu do deserto

E atenderá ao pedido de um faraó decadente:

"Renascer como uma estrela"

E a múmia brilha no cinema.

Sinastria

Seus carrinhos vazios se tocaram

Na sessão de temperos do supermercado

Rolou uma química, pessoas notaram.

Se foram; felizes? O caixa não sabe.

Stalker

Qualquer b* que ela posta ele gosta e dá resposta

Ela cala e assim consente, e ele a segue assim;

contente.

Trindade

O palhaço, o mágico e o louco.

Tiram sorrisos amarelos do sério;

Coelhinhos perdidos das cartolas;

E camisas de força, do nada.

Upgrade

Mais quebrado que Deus num santuário pagão

Mais para pária ou algo ao qual pagarão

Nuvem solitária nesse céu; azul ilusão.

Vagantes

Andávamos por aí

Fui ao seu lado crente

Veio ao meu lado errante.

Verão

No mar alguém boia nu, bocejante

Coco flutua, tal bravo navegante

O sol coloca a praia numa ampulheta

E uma gaivota o segue até anteontem

Welcome

O capacho gostava mais das criancinhas;

Mais leves, só tinham sujeira

nas solinhas dos calçados.

Vaga-Lumes, Visitas e Lustres

Avesso

Eu tinha um tapete na entrada,

bem roto e surrado

Uma jaqueta jeans sem braço

para show de rock que eu mesmo tocava

Um violão velho, sem capa ou estojo,

muita bugiganga com nome esquisito

Na cozinha sempre espantava um mosquito

Você me trouxe um tênis da Europa

Uma TV novinha, nova janelinha

Por ali desvi e vi tudo de novo

Era estranho, mas te abracei

Meu novo mundo, ao avesso

Boletim Animal

Lá no meio do mato, um animal suspeita
Que uma multidão em breve irá se aproximar
Estudarão seus movimentos, sua idade
Sua provável data de extinção
Não sabe se verá os olhos excitados
De quem irá fazer a mira antes de disparar

A chuva cairá e alimentará as raízes
retorcidas e abraçadas às rochas.
As nuvens densas virão de longe
Trazendo notícias de outros lares
Estranhos hábitos alimentares
E péssimos boletins escolares

Raciosímio

Meu mundo se contorce

com as costelas quebradas

Vem o estetoscópio de pedra

Vem o ilusionista e adentra os canais

Retira os meus pensamentos do ar

E me transforma em símio

Nasci velho demais aos nove meses

À idade mostro a face dessa cidade

Ao luar back light que ilumina as calçadas

Minha sombra dança enquanto é pisoteada

Pequena Tela

Sua nudez, seu lábio colorido e sua aflição;

Angústia disfarçada em pele de camaleão;

Quero teus pés, tua sandália torta nessa rua azul;

Teu charme destroçado, teu cabelo nu;

Alma Tadema,

Nas folhagens debruçadas das sacadas;

Gregas se entregam às sombras do verão.

Cal

Tantos se perdem, tantos se calam

Tantos compreendem a voz das ervas medicinais.

Outros se incineram, alucinados de cal

Queimando cal, a alma branca de cal.

Tantos tão sozinhos, tantos entre alguns

Tanta mágica

E o truque falhou

Houdini se afogou

Alucinado no cal

Queimando no cal

Sua alma branca de cal

Vaga-Lumes, Visitas e Lustres

Sobre o Autor

Dantas Solo

Natural de Vila São Pedro, distrito de Dourados,

Mato Grosso do Sul.

Teve a infância e a adolescência marcada

por quadrinhos, cinema, rock e as estórias

do avô materno "Pai Luiz".

Encontra no cotidiano cenas que se cruzam e

tornam-se referências para sua inspiração.

É também poeta, cantor e compositor.